BEI GRIN MACHT SICH IHR WISSEN BEZAHLT

- Wir veröffentlichen Ihre Hausarbeit, Bachelor- und Masterarbeit

- Ihr eigenes eBook und Buch - weltweit in allen wichtigen Shops

- Verdienen Sie an jedem Verkauf

Jetzt bei www.GRIN.com hochladen und kostenlos publizieren

Künstliche Intelligenz. Historische Entwicklung und technische Fortschritte

Katharina Niederhoff

Bibliografische Information der Deutschen Nationalbibliothek:

Die Deutsche Nationalbibliothek verzeichnet diese Publikation in der Deutschen Nationalbibliografie; detaillierte bibliografische Daten sind im Internet über http://dnb.d-nb.de abrufbar.

ISBN: 9783346357670
Dieses Buch ist auch als E-Book erhältlich.

© GRIN Publishing GmbH
Nymphenburger Straße 86
80636 München

Druck und Bindung: Books on Demand GmbH, Norderstedt Germany
Gedruckt auf säurefreiem Papier aus verantwortungsvollen Quellen

Das vorliegende Werk wurde sorgfältig erarbeitet. Dennoch übernehmen Autoren und Verlag für die Richtigkeit von Angaben, Hinweisen, Links und Ratschlägen sowie eventuelle Druckfehler keine Haftung.

Das Buch bei GRIN: https://www.grin.com/document/991630

FernUniversität in Hagen

Fakultät für Wirtschaftswissenschaft

Seminararbeit

Zur Entstehung von künstlicher Intelligenz durch technologischen Fortschritt –
historische Entwicklung, aktuelle Einsatzgebiete im Marketing, Problembereiche
und korrespondierende Lösungsansätze

Seminar: Künstliche Intelligenz im Marketing

Name, Vorname: Niederhoff, Katharina

Abgabedatum: 04.12.2020

Inhalt

1. Bedeutung des technologischen Fortschritts bei der Entstehung von künstlicher Intelligenz

Unternehmen haben durch den technologischen Fortschritt zunehmend Möglichkeiten, ihre Strategien und Vorgehensweisen strukturell zu verändern.[1] Diese Veränderungen werden oftmals zum Erhalt von Wettbewerbsvorteilen gegenüber anderen Unternehmen auf dem Markt durchgeführt.[2] Die künstliche Intelligenz gilt nach Wirth in 2018 als neueste große Veränderung.[3] Es gibt immer mehr neue künstliche Intelligenzen und es wird weiterhin mehr Geld in die Forschung dieser investiert.[4]

Besonders im Marketing gilt die Nutzung von künstlicher Intelligenz als Chance.[5] Künstliche Intelligenzen werden bei der Auswertung von Big Data eingesetzt.[6] Die Auswertung der großen Datensätze soll dazu beitragen, neue Erkenntnisse zu gewinnen und statistische Zusammenhänge zu erkennen.[7] Durch die Nutzung des mobilen Internets und der sozialen Medien steigen die Datenmengen weiterhin stark an.[8] Die Nutzung des mobilen Internets dient als Grundlage zur Implementierung von Chatbots in der Kundeninteraktion.[9] Kunden möchten schnell und zu jeder Zeit auf für sie zugeschnittene Informationen zugreifen können.[10] Die Voraussetzungen für den Einsatz von Chatbots sind technische Grundlagen, wie beispielsweise die Integration der Auswertungen von Big Data.[11] Die Zukunft wird durch den Einsatz von künstlicher Intelligenz hinsichtlich Marketingstrategien, Kundenverhalten und Prozessen durch Veränderungen geprägt sein.[12]

Das Ziel der Arbeit liegt darin herauszufinden, welche technologischen Veränderungen zur Entstehung von künstlicher Intelligenz geführt haben. Eine weitere Frage, die beantwortet werden soll, ist, welche Einsatzgebiete die künstliche Intelligenz aktuell im Marketing hat und welche Problembereiche damit einhergehen. Zusätzlich sollen im Rahmen der Ausarbeitung korrespondierende Lösungsansätze erarbeitet werden.

---

[1] Vgl. Kumar u. a. 2019, S. 136.
[2] Vgl. Kumar u. a. 2019, S. 136.
[3] Vgl. Wirth 2018, S. 435.
[4] Vgl. Wirth 2018, S. 435.
[5] Vgl. Bünte 2018, S. 7.
[6] Vgl. Krumm/Dwertmann 2019, S. 163.
[7] Vgl. Krumm/Dwertmann 2019, S. 163.
[8] Vgl. Gentsch 2019, S. 8.
[9] Vgl. Braun 2003, S. 1.
[10] Vgl. Braun 2003, S. 1.
[11] Vgl. Hahn/Klug 2019, S. 14.
[12] Vgl. Davenport u. a. 2020, S. 24.

Zur Zielerreichung werden zuerst grundlegende Aspekte dargestellt. Zur Darstellung der aktuellen Relevanz des Themas wird die historische Entwicklung der künstlichen Intelligenz thematisiert. Anschließend erfolgt die Analyse von ausgewählten Einsatzgebieten der künstlichen Intelligenz im Marketing. Das erste Einsatzgebiet ist die Auswertung von Big Data. Als Problembereich sind mögliche algorithmische Defizite bei der Auswertung zu beachten. Als korrespondierende Lösung wird die Kontrolle der künstlichen Intelligenz durch menschliches Eingreifen betrachtet. Das zweite Einsatzgebiet liegt in der Nutzung von Chatbots. Dabei wird ein Blick auf das fehlende Vertrauen der Nutzer als Problembereich geworfen. Als korrespondierende Lösung wird die Schaffung einer Persönlichkeit des Chatbots erarbeitet. Abschließend werden die wesentlichen Erkenntnisse zusammengefasst.

2. Entwicklung von künstlicher Intelligenz durch technologischen Fortschritt

2.1. Grundlagen zum technologischen Fortschritt und zur künstlichen Intelligenz

Zu Beginn ist es relevant zu klären, was eine künstliche Intelligenz überhaupt ist. Dazu wird zuerst ein Blick auf den Begriff der Intelligenz geworfen. Der Begriff der Intelligenz kommt aus der Psychologie und beschreibt die kognitive Leistungsfähigkeit.[13] Dazu gehören die Fähigkeit des Wahrnehmens und das logische Denken.[14] Demnach handelt es sich bei einer künstlichen Intelligenz um eine simulierte oder auch künstlich geschaffene Intelligenz.[15]

Eine künstliche Intelligenz ist eine komplexe Technologie, deren Aufgabe in der Konvergenz menschlicher Intelligenz liegt.[16] Durch den fortlaufenden technologischen Fortschritt hat sich die künstliche Intelligenz, obwohl es sie bereits seit den 1950er Jahren gibt, stetig weiterentwickelt.[17]

„Once upon a time there were scientists who had never seen a computer, never thought of solving a problem algorithmically and never asked Google for some information."[18] Es ist nach Bibel noch nicht lange her, da stellte dies die Normalität dar. Der technologische Fortschritt schreitet immer schneller voran.[19] „Heute kennt jedes Kind das Internet [...]."[20]

---

[13] Vgl. Simon 2019, S. 30.
[14] Vgl. Simon 2019, S. 30.
[15] Vgl. hierzu Hollerbach/Kreimeier 2020, S. 85.; Wolff u. a. 2019, S. 507 f.
[16] Vgl. hierzu Glikson/Woolley 2020, S. 627.; Byrnes 2016, S. 62.; Wagner 2018, S. 2.
[17] Vgl. Ong/Uddin 2020, S. 1.
[18] Bibel 2014, S. 87 f.
[19] Vgl. Bibel 2014, S. 87 f.
[20] Bscheid 2002, S. 23.

Die Grundlage für den technologischen Fortschritt bildete in den 1940er Jahren der deutsche Entwickler Konrad Zuse mit der Entwicklung des Computers.[21] Seit den 1990er Jahren hat zudem das Internet eine große Rolle in der Welt des Marketings eingenommen.[22] Besonders in Kombination mit Smartphones und den sozialen Netzwerken haben sich die Marketing- und Kommunikationsmöglichkeiten von Unternehmen verändert.[23]

Durch den Erfolg des Internets wurden in den 1990er Jahren Themen wie das maschinelle Lernen in den Mittelpunkt gestellt.[24] Das maschinelle Lernen ist für die Erstellung von Systemen der künstlichen Intelligenz von großer Wichtigkeit.[25] Beim maschinellen Lernen werden auf Grundlage von Erfahrungen das Erlernen von Aufgaben durch ein Computerprogramm trainiert.[26] Das maschinelle Lernen hat Auswirkungen auf Computeranwendungen, auf das natürliche Sprachverständnis und auf das Internet.[27] Nach Joshi werden beim maschinellen Lernen drei Faktoren im Lernprozess berücksichtigt. Der erste Faktor liegt in den Daten, die das Programm benutzt, erweitert um den zweiten Faktor, welcher ein System zur Messung von Abweichungen oder Fehlern im Verhalten darstellt. Der dritte Faktor ist ein Feedback-Mechanismus, welcher den Fehler durch Einsetzen eines anderen Verhaltens aufhebt.[28] Auf Basis der ermittelten Daten werden Vorhersagen getroffen.[29]

Eine Technik des maschinellen Lernen ist das tiefe Lernen.[30] Beim tiefen Lernen handelt es sich um einen tiefergehenden Algorithmus des maschinellen Lernens.[31] Innerhalb des tiefen Lernens werden sogenannte künstliche neuronale Netze verwendet.[32] Künstliche neuronale Netze können mit einem menschlichen Gehirn verglichen werden.[33] Es werden Knotenpunkte (künstliche Neuronen) gebildet, welche schließlich als Netzwerk dienen.[34] Durch eine Kombination von künstlichen neuronalen Netzen und der Technik des tiefen Lernens erfolgt eine automatisierte Auswertung von umfangreichen Datensätzen.[35] Dabei werden auch die Zusammenhänge erkannt und erlernt, die über die einfachen Algorithmen des maschinellen Lernens

---

[21] Vgl. Kreutzer/Sirrenberg 2019, S. 16.
[22] Vgl. Bscheid 2002, S. 23.
[23] Vgl. Schneider 2015, S. 30.
[24] Vgl. Görz/Schneeberger/Schmid 2014, S. 5.
[25] Vgl. Joshi 2020, S. 5 f.
[26] Vgl. Buxmann/Schmidt 2019, S. 8.
[27] Vgl. Zhou u. a. 2017, S. 350.
[28] Vgl. Joshi 2020, S. 5.
[29] Vgl. Buxmann/Schmidt 2019, S. 8.
[30] Vgl. Mishra/Gupta 2017, S. 66.
[31] Vgl. Mishra/Gupta 2017, S. 66.
[32] Vgl. hierzu Buxmann/Schmidt 2019, S. 12.; Wolff u. a. 2019, S. 511 f.
[33] Vgl. hierzu Mishra/Gupta 2017, S. 70.; Wolff u. a. 2019, S. 511 f.
[34] Vgl. Mishra/Gupta 2017, S. 70.
[35] Vgl. Kietzmann/Paschen/Treen 2018, S. 263.

hinaus gehen und dort nicht erkannt werden.[36] Ein weiteres Teilgebiet des tiefen Lernens ist die natürliche Sprachverarbeitung.[37] Dabei werden durch Methoden des tiefen Lernens gesprochene und geschriebene Texte so verstanden, dass die künstliche Intelligenz darauf reagieren kann.[38]

2.2. Historische Entwicklung der künstlichen Intelligenz

Nach Haenlein und Kaplan ist die erstmalige Erscheinung einer künstlichen Intelligenz in 1942 zu verzeichnen. Von dem amerikanischen Schriftsteller Isaac Asimov erschien in diesem Jahr eine Kurzgeschichte namens Runaround, welche von einem Roboter handelte. Die Folge war, dass sich viele Wissenschaftler fortan mit dem Thema der künstlichen Intelligenz, Informationstechnik und Robotik beschäftigten.[39]

Die Geburtsstunde der künstlichen Intelligenz liegt im Jahre 1956.[40] Dort fand das Summer Research Project on Artificial Intelligence am Dartmouth College in den USA statt.[41] Dabei handelte es sich um eine Konferenz, welche von John McCarthy (*1927) initiiert wurde.[42] An der Veranstaltung nahm eine Vielzahl weiterer bedeutender Forscher teil.[43] Die Konferenz dauerte sechs Wochen.[44] Das Thema war die Möglichkeit, Intelligenz auch unabhängig vom menschlichen Gehirn zu erschaffen.[45] Maschinen sollten unabhängig von einem Menschen ihre eigene Intelligenz nutzen, um eine Aufgabe zu lösen.[46] Die Teilnehmer waren der Meinung, dass dies möglich ist, jedoch herrschten über den Weg zur Realisierung von künstlicher Intelligenz unterschiedliche Meinungen.[47] Zu diesem Zeitpunkt wurde erstmals der Begriff der künstlichen Intelligenz benutzt.[48]

Haenlein und Kaplan zufolge entstanden anschließend viele Projekte rund um die Forschung der künstlichen Intelligenz. Es entstanden künstliche Intelligenzen, die in der Lage waren, Sprachanweisungen zu verarbeiten und einfache Probleme automatisiert zu lösen.[49]

---

[36] Vgl. Buxmann/Schmidt 2019, S. 12.
[37] Vgl. Mishra/Gupta 2017, S. 66.
[38] Vgl. Gentsch 2019, S. 31.
[39] Vgl. Haenlein/Kaplan 2019, S. 6 f.
[40] Vgl. hierzu Bhora/Shravan 2019, S. 1 ff.; Bühl 2000, S. 138.
[41] Vgl. hierzu Moor 2006, S. 87.; Nilsson 2014, S. 51.; Hildebrand 2019, S. 11.
[42] Vgl. Buxmann/Schmidt 2019, S. 3 f.
[43] Vgl. Buxmann/Schmidt 2019, S. 3 f.
[44] Vgl. Nilsson 2014, S. 51.
[45] Vgl. Buxmann/Schmidt 2019, S. 3 f.
[46] Vgl. Bhora/Shravan 2019, S. 2 f.
[47] Vgl. Buxmann/Schmidt 2019, S. 3 f.
[48] Vgl. Haenlein/Kaplan 2019, S. 7.
[49] Vgl. Haenlein/Kaplan 2019, S. 7.

Nach Hecker u. a. kann die Entwicklung der künstlichen Intelligenz in drei Generationen aufgeteilt werden. Als grundlegende Eigenschaften der künstlichen Intelligenz gelten die unterschiedlichen Ausprägungen von Logik, Wahrnehmung, Lernen und Abstrahieren. Die erste Generation geht bis in die 1980er Jahre zurück. Dort entstanden Experten- und Planungssysteme, welche einen eng formulierten Einsatzbereich besaßen. Es wurden mit Hilfe von viel Logik, ein wenig Wahrnehmung und der Fähigkeit schrittweise zu lernen intelligente Systeme erschaffen.[50] Innerhalb dieser Generation standen im Jahr 1973 die hohen Ausgaben der Forschung hingegen in Kritik, wodurch es zum sogenannten Winter der künstliche Intelligenz kam, in dem die Forschung zu dem Themengebiet stockte.[51] Nach Hecker u. a. hatte die zweite Generation ihren Ursprung zu Beginn der 2000er Jahre mit neuen technologischen Möglichkeiten, speziell in der Nutzung des mobilen Internets und mit der Entstehung von sozialen Netzwerken. Durch Verbesserungen in der Wahrnehmung und im Lernumfeld konnten neue Technologien entwickelt werden. Zusätzlich kam die Möglichkeit des Abstrahierens zu diesem Zeitpunkt hinzu. Anschließend folgt die dritte Generation der künstlichen Intelligenz, welche in die Zukunft führt. Das Ziel liegt darin, Expertenwissen abrufen zu können, zu abstrahieren und die Erkenntnisse selbsterklärend anzuwenden.[52]

Aktuell besteht in den Anwendungsbereichen der künstlichen Intelligenz ein großer Spielraum in der Entwicklung.[53] Durch die steigende Bereitstellung und Nutzung von Daten besteht die Möglichkeit, dass die Anwendungsgebiete der künstlichen Intelligenz zukünftig stark zunehmen werden.[54]

Nach Tobin u. a. ist das Ergebnis der Entwicklung der künstlichen Intelligenz der vergangenen Jahre, dass sie sich mittlerweile in den Lebensalltag integriert hat. Die Bedeutung der Wettbewerbsfähigkeit von Unternehmen in dem Bereich der künstlichen Intelligenz ist auf nationaler Ebene anerkannt. Ebenfalls ist die Notwendigkeit Investitionen in diesem Bereich zu tätigen anerkannt, um die Veränderungen, die die künstliche Intelligenz mit sich bringt, zu fördern.[55]

Nach Gartners Hype Cycle for Emerging Technologies 2017 und 2018 wird prognostiziert, dass die künstliche Intelligenz in Zukunft einen sehr großen Einfluss auf die wirtschaftliche Entwicklung vieler Länder haben wird.[56]

---

[50] Vgl. Hecker u. a. 2017, S. 5 f.
[51] Vgl. Haenlein/Kaplan 2019, S. 7.
[52] Vgl. Hecker u. a. 2017, S. 5 f.
[53] Vgl. Ong/Uddin 2020, S. 7.
[54] Vgl. Ong/Uddin 2020, S. 7.
[55] Vgl. Tobin u. a. 2019, S. 295.
[56] Vgl. Kaczorowska-Spychalska 2019, S. 252 f.

3. Auswertung von Big Data im Marketing

3.1. Auswertung von Big Data durch künstliche Intelligenz als Einsatzgebiet

Durch den technologischen Fortschritt werden zunehmend eine große Anzahl an Daten in den sozialen Netzwerken und im Internet automatisiert erzeugt.[57] Die zunehmende Relevanz der Auswertungen von Big Data ist somit auf den technologischen Fortschritt zurückzuführen.[58] Nach Omri kommen besonders im Marketing Auswertungen von Big Data zum Einsatz, um Produkt- und Serviceangebote effizienter zu gestalten. Dadurch kann eine individuelle Kundenansprache erfolgen und durch Zuschnitt der Produkte auf die Kundenbedürfnisse ein Verlust von Kundensegmenten verringert werden. So werden die Erkenntnisse aus Big Data Auswertungen beispielsweise dazu genutzt, um auf die Kundenbedürfnisse abgestimmte Angebote zu erstellen.[59] Zusammenfassend sind diese Daten für Unternehmen aus dem Grund wertvoll, da mit Hilfe dessen Wettbewerbsvorteile innerhalb der Entwicklung von Produkten erzielt werden und diese in ein Kundenbindungsmanagements integriert werden können.[60]

Die Merkmale von Big Data liegen in dem großen Volumen der Daten, der Bereitstellung dieser Daten innerhalb kurzer Zeit, der Vielfältigkeit, dem großen Umfang, der Flexibilität neue Themengebiete hinzuzufügen und der Detailliertheit der Daten.[61] Zu den Datenformaten gehören neben numerischen Daten auch Text-, Audio- und Videodaten.[62] Oft treten diese Daten in Kombination miteinander auf.[63] Damit die Unternehmen mit den Daten arbeiten können, müssen diese ausgewertet werden.[64] Dabei handelt es sich um eine Auswertung einer sehr großen Menge von Datensätzen.[65]

Durch die Auswertungen und das Nutzen von Big Data können beim maschinellen Lernen genauere Muster in den Datensätzen aufgedeckt werden, wodurch genauere Vorhersagen möglich sind.[66] Durch die Verbindung von künstlicher Intelligenz mit Big Data wissen die Unternehmen somit viel mehr über ihre Kunden.[67] Auf Grundlage dieser Auswertungen werden Vorhersagen getroffen, auf denen schließlich die Entscheidungen von Unternehmen aufbauen.[68] Diese

---

[57] Vgl. Vossen 2015, S. 35.
[58] Vgl. Dekimpe 2020, S. 12.
[59] Vgl. Omri 2015, S. 105 f.
[60] Vgl. Vossen 2015, S. 35.
[61] Vgl. Strong 2015, S. 7 f.
[62] Vgl. Chintagunta/Hanssens/Hauser 2016, S. 341.
[63] Vgl. Chintagunta/Hanssens/Hauser 2016, S. 341.
[64] Vgl. Sivarajah u. a. 2017, S. 265 f.
[65] Vgl. Holland/Rossa 2014, S. 260.
[66] Vgl. Zhou u. a. 2017, S. 350.
[67] Vgl. hierzu Davenport u. a. 2019, S. 38.; Kaplan/Haenlein 2019 S. 15 f.
[68] Vgl. de Bruyn u. a. 2020, S. 99.

Vorhersagen basieren auf durch Trainings erlernte und bereits bekannte Eigenschaften.[69] Um aus der Auswertung von Big Data einen großen Nutzen ziehen zu können, müssen bestehende Algorithmen des maschinellen Lernens stetig angepasst werden.[70]

3.2. Algorithmische Defizite bei der Auswertung von Big Data als Problembereich

Auswertungen von Big Data können auf Grund von begrenzten, nicht repräsentativen oder nicht passenden Datensätzen voreingenommen, unvollständig oder verzerrt sein.[71] Dadurch können Schwankungen in der Qualität der Auswertungsergebnisse entstehen.[72]

Die auftretenden Defizite in den Auswertungsergebnissen sind in der Anwendung von künstlicher Intelligenz zur Auswertung von Big Data problematisch.[73] Diese Defizite können bereits in den Trainingsdaten der künstlichen Intelligenz vorhanden sein.[74] Das Ergebnis einer Auswertung von Big Data kann sowohl durch Endogenität, als auch durch Vorurteile innerhalb der Datensätze verzerrt werden.[75] Die meisten dieser Verzerrungen sind auf die menschlichen Vorurteile und kulturellen Hintergründe, die von Menschen unbewusst auf die Algorithmen übertragen werden, zurückzuführen.[76] Eine vorhandene Endogenität in den Datensätzen kann die Vorhersagen bei der Auswertung verzerren.[77] Fortlaufend kann aufgrund von automatischem Lernen der künstlichen Intelligenz eine Festlegung auf einen Kundenbereich erfolgen, welcher weiterhin kleiner wird.[78] Kurzfristig werden dadurch noch Gewinne optimiert, langfristig hingegen können Gewinne negativ beeinflusst werden.[79] Diese Problematik findet sich sowohl in kleinen, als auch großen Datenmengen wieder, sodass eine Bereinigung der Voreingenommenheit durch die Auswertung einer großen Datenmenge nicht angenommen werden kann.[80] Auch eine Auswertung von großen Datensätzen kann somit unzuverlässig oder nicht repräsentativ sein.[81]

---

[69] Vgl. Al-Jarrah u. a. 2015, S. 87.
[70] Vgl. Zhou u. a. 2017, S. 352.
[71] Vgl. Paschen/Pitt/Kietzmann 2019, S. 7.
[72] Vgl. Wagener 2019, S. 172.
[73] Vgl. Ferrer u. a. 2020, S. 1.
[74] Vgl. Campolo u. a. 2017, S. 15 f.
[75] Vgl. de Bruyn u. a. 2020, S. 99.
[76] Vgl. Paschen/Pitt/Kietzmann 2020, S. 153.
[77] Vgl. hierzu Ullah/Akhtar/Zaefarian 2018, S. 69.; de Bruyn u. a. 2020, S. 99.
[78] Vgl. de Bruyn u. a. 2020, S. 99.
[79] Vgl. de Bruyn u. a. 2020, S. 99.
[80] Vgl. Dekimpe 2020, S. 10.
[81] Vgl. Dekimpe 2020, S. 10.

Defizite in der Auswertung von Big Data können zudem zu Auswirkungen im rechtlichen Rahmen führen, z. B. wenn wegen einer Auswertung diskriminierende Merkmale auf Basis der Herkunft oder des Geschlechts entstehen.[82]

3.3. Kontrolle der künstlichen Intelligenz durch menschliches Eingreifen als korrespondierender Lösungsansatz

Zur Einschränkung von negativen Auswirkungen, die durch Verzerrungen oder anderen Defiziten bei der Auswertung von Big Data auftreten können, sollten bereits in den frühen Entwicklungsphasen der künstlichen Intelligenz Prozesse zum Eingriff in die Handlungen geschaffen werden.[83] Es sollte also bereits innerhalb des Konzepts der künstlichen Intelligenz ein Sicherheitsmechanismus verankert sein.[84] Diese Sicherheitsmechanismen sollen dann genutzt werden, wenn es zu einem Fehler durch die künstliche Intelligenz kommt.[85] Die Prozesse sollten in Echtzeit eine Steuerung und das Stoppen von Algorithmen der künstlichen Intelligenz zu jedem beliebigen Zeitpunkt ermöglichen.[86]

Nach Paschen, Pitt und Kietzmann sollten zu Beginn die Daten, die genutzt werden sollen, hinsichtlich ihrer Qualität genau geprüft werden. Auch bei den Schulungsdaten der künstlichen Intelligenz sollte bereits eine genaue Auswahl und Überprüfung der Daten getroffen werden.[87]

Auch während der fortlaufenden Nutzung der künstlichen Intelligenz sollten regelmäßige Tests durchgeführt werden, um Verzerrungen oder eine vorhandene Voreingenommenheit aufzudecken und diese durch Bereinigung zu beseitigen.[88] So dienen Neubewertungen, Erweiterungen der Daten und das Setzen von neuen Stichproben als Möglichkeiten, um Verzerrungen innerhalb der Datensätze zu beheben.[89] Besonders wenn künstliche Intelligenzen in der Lage sind autonom Handlungen vorzunehmen, sollten mögliche Auswirkungen von Defiziten in den Auswertungsdaten kontinuierlich von einem Menschen geprüft werden.[90]

---

[82] Vgl. de Bruyn u. a. 2020, S. 98 f.
[83] Vgl. de Bruyn u. a. 2020, S. 100.
[84] Vgl. Gürtler 2019, S. 99.
[85] Vgl. Armstrong/Sandberg/Bostrom 2012, S. 305.
[86] Vgl. de Bruyn u. a. 2020, S. 100.
[87] Vgl. Paschen/Pitt/Kietzmann 2019, S. 7.
[88] Vgl. Leavy/O'Sullivan/Siapera 2020, S. 2 ff.
[89] Vgl. Leavy/O'Sullivan/Siapera 2020, S. 2.
[90] Vgl. Nelson 2019, S. 220.

4. Nutzung von Chatbots im Marketing

4.1. Nutzung von Chatbots als Kundenberater durch künstliche Intelligenz als Einsatzgebiet

Die Art und Weise, wie Unternehmen mit ihren Kunden interagieren, verändert sich durch den technologischen Fortschritt in Verbindung mit der Möglichkeit der Nutzung einer künstlichen Intelligenz kontinuierlich.[91] Zur Kommunikation mit Kunden und Interessenten können automatisierte Chatbots genutzt werden.[92] Diese wurden bereits in den 1950er Jahren entwickelt, werden jedoch nach Kaczorowska-Spychalska in 2019 in den Unternehmen erst in den letzten Jahren zur Kommunikation mit Bestands- und Neukunden genutzt.[93] Auch bei unzufriedenen Kunden kommen Chatbots zum Einsatz und sollen eine Beendigung der Geschäftsbeziehung verhindern.[94] Chatbots kommunizieren in textlicher Form.[95] Sie werden über Computerprogramme ausgeführt und ermöglichen eine menschliche Unterhaltung mit dem nutzenden Kunden.[96]

Nach Luo u. a. kommunizieren Chatbots mit Kunden mit Hilfe der natürlichen Sprachverarbeitung. Es besteht die Möglichkeit, einfache als auch komplexe Anliegen zu verstehen, sowie dem Interaktionspartner Humor und Mitgefühl zu signalisieren.[97] Gespräche mit Nutzern können von Chatbots selbstständig geführt werden.[98] Sie verstehen die Nutzer und stellen Lösungen vor.[99] Mit der Zeit steigt bei einem selbstlernenden Chatbot die Gesprächskompetenz.[100] Als technische Grundlage hierfür dient die Auswertungsmöglichkeit von Big Data.[101]

Es gibt verschiedene Methoden, mit denen Chatbots entwickelt werden können, z. B. mittels Methoden des tiefen Lernens.[102] Damit Chatbots, die damit programmiert wurden, die Eingaben der Nutzer verstehen können, werden künstliche neuronale Netze benötigt.[103] Eine weitere Möglichkeit neben dem Programmieren mit Algorithmen des tiefen Lernens ist die Programmierung eines Chatbots auf Grundlage des maschinellen Lernens.[104] Durch Methoden des

---

[91] Vgl. Hadi 2019, S. 31.
[92] Vgl. hierzu von Rüden/Toller/Terstiege 2020, S. 159 f.; Wolff u. a. 2019, S. 513.
[93] Vgl. Kaczorowska-Spychalska 2019, S. 256.
[94] Vgl. Libai u. a. 2020, S. 46.
[95] Vgl. von Rüden/Toller/Terstiege 2020, S. 159 f.
[96] Vgl. Luo u. a. 2019, S. 937.
[97] Vgl. Luo u. a. 2019, S. 937.
[98] Vgl. Sieber 2019, S. 6.
[99] Vgl. Sieber 2019, S. 6.
[100] Vgl. Möbus 2006, S. 151.
[101] Vgl. Hahn/Klug 2019, S. 14.
[102] Vgl. Nischal u. a. 2020, S. 40.
[103] Vgl. Nischal u. a. 2020, S. 40.
[104] Vgl. Gentsch 2019, S. 89 f.

maschinellen Lernens und des tiefen Lernens können Anfragen von Nutzern von dem Chatbot verstanden werden.[105]

Carter und Knol zufolge liegen die Vorteile der Nutzung von Chatbots in der Schnelligkeit der Bearbeitung.[106] Parallel dazu kann eine große Masse an Kundenanliegen innerhalb kurzer Zeit bearbeitet werden.[107] Dadurch ergibt sich eine erhöhte Produktivität und niedrigere Ausgaben durch die Einsparung von Personalkosten. Zusätzlich können saisonale Schwankungen aufgefangen werden, da keine Entlassungen oder Neueinstellungen in dem Bereich aufgrund ungleichmäßiger Personalerfordernis erfolgen müssen.[108] Nach Schätzungen können 30 % der Kosten in dem Bereich des Kundensupports durch die Nutzung von Chatbots eingespart werden.[109]

4.2. Fehlendes Vertrauen der Nutzer gegenüber Chatbots als Problembereich

Trotz der genannten Vorteile gibt es eine Vielzahl an Nutzer, die weiterhin den Kontakt mit einem Menschen bevorzugen.[110]

Nach Luo u. a. wissen die Nutzer während der Interaktion mit einem Chatbot oftmals nicht, dass es sich um eine künstliche Intelligenz und nicht um einen echten Menschen handelt. Chatbots sind nicht uneffektiver als echte Arbeitskräfte. Wird hingegen offen kommuniziert oder erfährt der Nutzer, dass sie mit einem Chatbot kommunizieren, sinken die Abschlüsse einer Studie nach über diesen Kanal um mehr als 79,7 %.[111] Einige Nutzer beenden demnach die Gespräche, wenn sie herausfinden, dass es sich um ein Chatbot handelt.[112] Besonders standardisierte Antworten und unpersönliche Nachrichten senken das Vertrauen der Nutzer.[113]

Die Implementierung eines Chatbots stößt somit bei der Akzeptanz der Nutzer an seine Grenzen.[114] Die fehlende Akzeptanz der Nutzer kann auf fehlendes Vertrauen gegenüber Chatbots zurückgeführt werden.[115] Menschen trauen einer künstlichen Intelligenz nicht zu, dass sie Gefühle entwickeln kann.[116]

---

[105] Vgl. Jones 2018, S. 242.
[106] Vgl. Carter/Knol 2019, S. 113 f.
[107] Vgl. Luo u. a. 2019, S. 937.
[108] Vgl. Carter/Knol 2019, S. 113 f.
[109] Vgl. Kaczorowska-Spychalska 2019, S. 258.
[110] Vgl. Bergner 2020, S. 51.
[111] Vgl. Luo u. a. 2019, S. 937.
[112] Vgl. Huang/Rust 2020, S. 18.
[113] Vgl. Luo u. a. 2019, S. 938 f.
[114] Vgl. hierzu Kruse Brandao/Wolfram 2018, S. 302.; Cartner/Knol 2019, S. 114.
[115] Vgl. hierzu Sieber 2019, S. 122 ff.; Luo u. a. 2019, S. 937 ff.
[116] Vgl. Gray 2017, S. 3 f.

Dies ist ein Grund dafür, dass Menschen einer künstlichen Intelligenz gegenüber weniger Vertrauen aufbauen können.[117] Eine weitere Ursache liegt dabei in der fehlenden persönlichen Verbindung während eines Gesprächs, da den Chatbots die Persönlichkeit fehlt.[118] Ebenfalls empfinden Menschen ein Chatbot als weniger empathisch.[119] Die Nutzer vertrauen echten Menschen mehr als Chatbots, da sie der Meinung sind, dass Menschen die zu erledigenden Arbeiten besser ausführen.[120]

4.3. Simulieren einer Persönlichkeit des Chatbots als korrespondierender Lösungsansatz

Als eine Lösung für das fehlende Vertrauen der Nutzer in ein Chatbot gilt laut verschiedenen Untersuchungen das Simulieren einer Persönlichkeit.[121] „Unter Persönlichkeit versteht man die Gesamtheit aller charakteristischen, individuellen Eigenschaften eines Menschen."[122] Die Vertrauensebene hängt von Aspekten wie einem menschenähnlichen Namen, der Persönlichkeit und dem Umgang mit der menschlichen Sprache ab.[123] Auch das Zeigen von Emotionen spielt bei der Vermenschlichung und dem damit einhergehenden Vertrauen eine Rolle.[124]

Es ist gewünscht, dass ein Chatbot menschlich wirkt und fehlerfrei arbeitet.[125] Zusätzlich sollen nicht nur Fragen sachlich beantworten können, sondern auch Smalltalk mit den Nutzern stattfinden können.[126] Bei der Nutzung eines Chatportals wünschen sich Kunden eine menschliche und natürliche Kommunikation.[127] Chatbots müssen somit, um eine höhere Akzeptanz zu erzielen, empathischer, situativ flexibler und persönlicher agieren können.[128] Nach Hildebrand und Bergner ist es förderlich, wenn ein Chatbot individuelle Kundeneigenschaften oder Vorlieben der Nutzer in das Gespräch mit einbaut, sofern der Chatbot diese Eigenschaften kennt. Ebenfalls führt eine Spiegelung des Kundenverhaltens zu einem gesteigerten Vertrauen. Eine weitere Möglichkeit, um das Gespräch empathischer zu gestalten, ist die Nutzung von Emojis.[129]

---

[117] Vgl. Gray 2017, S. 3 f.
[118] Vgl. Cartner/Knol 2019, S. 114.
[119] Vgl. Luo u. a. 2019, S. 944.
[120] Vgl. Cartner/Knol 2019, S. 114.
[121] Vgl. hierzu Sieber 2019, S. 147.; Hildebrand/Bergner 2019, S. 40.
[122] Sieber 2019, S. 149.
[123] Vgl. hierzu Adamopoulou/Moussiades 2020, S. 1.; Hadi 2019, S. 32 f.
[124] Vgl. Adamopoulou/Moussiades 2020, S. 1.
[125] Vgl. Kruse Brandao/Wolfram 2018, S. 302.
[126] Vgl. Kruse Brandao/Wolfram 2018, S. 302.
[127] Vgl. Gentsch/Philipp 2019, S. 260.
[128] Vgl. Carter/Knol 2019, S. 114.
[129] Vgl. Hildebrand/Bergner 2019, S. 37 f.

Die wahrgenommene Authentizität des Gesprächs, der für die Kundenbedürfnisse befriedigende Ausgang des Gesprächs sowie der wahrgenommene Spaß sind weitere wichtige Faktoren der Kommunikation mit einem Chatbot.[130] Nach Sieber liegt ein weiterer Faktor zur Schaffung einer Persönlichkeit in der Vermenschlichung des Chatbots durch Simulieren von Körperlichkeit. Diese Körperlichkeit kann durch die Darstellung eines statischen oder auch animierten Avatares geschehen. Durch einen Avatar kann eine empathische Bindung auf Seiten des Nutzers entstehen.[131]

Feststellbare Persönlichkeitsmerkmale bei einem Chatbot führen dazu, dass die Akzeptanz der Nutzer steigt.[132] Einige Nutzer empfinden dadurch sogar Spaß und Freude an der Kommunikation mit dem Chatbot.[133] Die Nutzer werden also dazu gebracht, dem Chatbot Vertrauen entgegenzubringen und eine emotionale Bindung aufzubauen.[134]

5. Zusammenfassung

Die Implementierung der künstlichen Intelligenz wurde durch den technologischen Fortschritt ermöglicht. Viele technologischen Fortschritte wurden durch die Entwicklung des Computers und die Nutzung des Internets geschaffen. Auf dieser Basis konnte das maschinelle Lernen, das tiefe Lernen und die natürliche Sprachverarbeitung entstehen und weiterentwickelt werden. Diese Technologien sind oft Bestandteile der künstlichen Intelligenzen und haben zur Entstehung dieser geführt. In 1956 fand eine Konferenz am Dartmouth College in den USA mit bedeutenden Forschern zum Thema künstliche Intelligenz statt. Von dort an wurde die Forschung zur künstlichen Intelligenz vorangetrieben, obwohl es auch Zeiten gab, in denen die Forschung stockte.

Die Auswertung von Big Data stellt ein Einsatzgebiet der künstlichen Intelligenz im Marketing dar. Durch die alltägliche Nutzung von Smartphones und dem mobilen Internet entstehen zunehmend große Datenmengen, die für Unternehmen von großer Bedeutung sind. Ein Problem liegt in dem Auftreten von algorithmischen Defiziten in der Auswertung. Endogenitäten und Vorurteile in den Datensätzen können zu verzerrten und nicht repräsentativen Vorhersagen führen, anhand derer die Unternehmen ihre zukünftigen Handlungen ausrichten.

---

[130] Vgl. Rese/Ganster/Baier 2020, S. 102 ff.
[131] Vgl. Sieber 2019, S. 155 ff.
[132] Vgl. hierzu Shevat 2017, S. 54 ff.; Kasap/Magnenat-Thalmann 2007, S. 3 ff.
[133] Vgl. Hildebrand/Bergner 2019, S. 36.
[134] Vgl. Sieber 2019, S. 147.

Dadurch können mögliche Gewinne nicht realisiert werden und für das Unternehmen negative rechtliche Folgen entstehen.

Die korrespondierende Lösung liegt hier in der Kontrolle der künstlichen Intelligenz durch menschliches Eingreifen. Bereits bei der Entwicklung der künstlichen Intelligenz sollte ein Konzept geschaffen werden, welches ein Eingreifen und Stoppen von laufenden Algorithmen in Echtzeit ermöglicht.

Ein weiteres Einsatzgebiet von künstlichen Intelligenzen im Marketing liegt in der Nutzung von Chatbots. Speziell die Algorithmen des maschinellen Lernens werden als Trainingsdaten für Chatbots genutzt. Diese arbeiten auf Basis von Auswertungen von Big Data. Sie kommunizieren mit Kunden über die natürliche Spracherkennung und können ganze Gespräche führen. Problematisch bei der Nutzung von Chatbots ist, dass die Nutzer einem Chatbot nicht vertrauen. Das fehlende Vertrauen führt dazu, dass viele Nutzer die Gespräche beenden, sobald sie herausfinden, dass sie mit einem Chatbot kommunizieren. Die korrespondierende Lösung ist das Simulieren einer Persönlichkeit des Chatbots. Dabei werden Persönlichkeitsmerkmale geschaffen, die dem Menschen ein vertrauensvolles Verhältnis durch das Schaffen einer emotionalen Bindung ermöglichen. Dabei steht eine menschliche und natürliche Kommunikation, die zu Spaß führt, im Mittelpunkt. Dadurch steigt die Akzeptanz der Nutzer in der Kommunikation mit einem Chatbot.

Zusammenfassend hat die künstliche Intelligenz durch den technologischen Fortschritt neue Möglichkeiten erhalten, wodurch Auswertungsmöglichkeiten von Big Data und die Nutzung von Chatbots möglich wurde. Es ist davon auszugehen, dass das Thema der künstlichen Intelligenz in Zukunft weiterhin eine große Relevanz im Bereich des Marketings und Einwirkungen auf Wettbewerbsvorteile für Unternehmen haben wird.

Literaturverzeichnis

Adamopoulou, E./Moussiades, L. 2020: Chatbots – History, technology, and applications, in: Machine Learning with Applications, Vol. 2, 2020, No. 1, pp. 1-18.

Al-Jarrah, O. Y./Yoo, P. D./Muhaidat, S./Karagiannidis, G. K./Taha, K. 2015: Efficient Machine Learning for Big Data – A Review, in: Big Data Research, Vol. 2, 2015, No. 3, pp. 87-93.

Armstrong, S./Sandberg, A./Bostrom, N. 2012: Thinking inside the box – Using and controlling an oracle AI, in: Minds and Machines, Vol. 22, 2012, No. 4, pp. 299-324.

Bergner, A. S. 2020: Adaptive Sales Automation – Chatbots as Personalized and Scalable Sales Agents, in: Marketing Review St. Gallen, Vol. 37, 2020, No. 5, pp. 50-57.

Bhora, D./Shravan, K. 2019: Demystifying the role of artificial intelligence in legal practice, in: Nirma university law journal, Vol. 8, 2019, No. 2, pp. 1-13.

Bibel, W. 2014: Artificial Intelligence in a historical perspective, in: AI Communications, Vol. 27, 2014, No. 1, pp. 87-102.

Braun, A. 2003: Chatbots in der Kundenkommunikation, Heidelberg 2003.

Bruyn, A. d./Viswanathan, V./Shan Beh, Y./Brock, J. K.-U./Wangenheim, F. v. 2020: Artificial Intelligence and Marketing – Pitfalls and Opportunities, in: Journal of Interactive Marketing, Vol. 51, 2020, No. 1, pp. 91-105.

Bscheid, W. 2002: Online-Marketing-Kommunikation – ein Erklärungsansatz mit Hilfe eines Objektmodells, in: Frosch-Wilke, D./ Raith, C. (Hrsg.), Marketing-Kommunikation im Internet – Theorie, Methoden und Praxisbeispiele vom One-to-One bis zum Viral-Marketing, Braunschweig/Wiesbaden 2002, S. 23-48.

Bühl, A. 2000: Die virtuelle Gesellschaft des 21. Jahrhunderts – Sozialer Wandel im digitalen Zeitalter, 2. Aufl., Wiesbaden 2000.

Bünte, C. 2018: Künstliche Intelligenz – die Zukunft des Marketing, Wiesbaden 2018.

Buxmann, P./Schmidt, H. 2019: Grundlagen der Künstlichen Intelligenz und des Maschinellen Lernens, in: Buxmann, P./Schmidt, H. (Hrsg.), Künstliche Intelligenz – Mit Algorithmen zum wirtschaftlichen Erfolg, Berlin 2019, S. 3-17.

Byrnes, N. 2016: AI Hits the Mainstream, in: MIT Technology Review, Vol. 119, 2016, No. 3, pp. 62-66.

Campolo, A./Sanfilippo, M./Whittaker, M./Crawford, K. 2017: AI Now 2017 Report, AI Now Institute at New York University, online erschienen in 2017, online verfügbar unter https://ainowinstitute.org/AI_Now_2017_Report.pdf (25.11.2020).

Carter, E./Knol, C. 2019: Chatbots – an organisation's friend or foe?, in: Research in Hospitiality Management, Vol. 9, 2019, No. 2, pp. 113-115.

Chintagunta, P./Hanssens, D./Hauser, J. R. 2016: Marketing Science and Big Data, in: Marketing Science, Vol. 35, 2016, No. 3, pp. 341-342.

Davenport, T./Guha, A./Grewal, D./Bressgott, T. 2020: How artificial intelligence will change the future of marketing, in: Journal of the Academy of Marketing Science, Vol. 48, 2020, No. 1, pp. 24-42.

Dekimpe, M. G. 2020: Retailing and retailing research in the age of big data analytics, in: International Journal of Research in Marketing, Vol. 37, 2020, No. 1, pp. 3-14.

Ferrer, X./Nuenen, T. v./Such, J. M./Coté, M./Criado, N. 2020: Bias and Discrimination in AI – a cross-disciplinary perspective, in: ArXiv, abs/2008.07309, online erschienen am 11.08.2020, online verfügbar unter https://arxiv.org/pdf/2008.07309 (18.11.2020).

Gentsch, P. 2019: Künstliche Intelligenz für Sales, Marketing und Service – Mit AI und Bots zu einer Algorithmic Business – Konzepte, Technologien und Best Practices, 2., überarb. und erw. Aufl., Wiesbaden 2018.

Gentsch, P./Philipp, M. 2019: Wie künstliche Intelligenz und Chatbots die Musikindustrie beeinflussen und die Interaktion der Kunden mit Musikern und Musiklabeln verändern, in: Gentsch, P. (Hrsg.), Künstliche Intelligenz für Sales, Marketing und Service – Mit AI und Bots zu einer Algorithmic Business – Konzepte, Technologien und Best Practices, 2., überarb. und erw. Aufl., Wiesbaden 2018, S. 252-264.

Glikson, E./Woolley, A. W. 2020: Human Trust in artificial Intelligence – Review of empirical research, in: Academy of Management Annals, Vol. 14, 2020, No. 2, pp. 627-660.

Görz, G./Schneeberger, J./Schmid, U. 2014: Handbuch der Künstlichen Intelligenz, 5. Aufl., München 2014.

Gray, K. 2017: AI can be a troublesome teammate, in: Havard Business Review, online erschienen am 20.07.2017, online verfügbar unter https://hbr.org/2017/07/ai-can-be-a-troublesome-teammate (29.11.2020).

Gürtler, O. 2019: Künstliche Intelligenz als Weg zur wahren digitalen Transformation, in: Buxmann, P./Schmidt, H. (Hrsg.), Künstliche Intelligenz – Mit Algorithmen zum wirtschaftlichen Erfolg, Berlin 2019, S. 95-105.

Hadi, R. 2019: When Humanizing Costumer Service Chatbots might Backfire, in: Marketing Intelligence Review, Vol. 11, 2019, No. 2, pp. 30-35.

Haenlein, M./Kaplan, A. 2019: A Brief History of Artificial Intelligence – On the Past, Present, and Future of Artificial Intelligence, in: California Management Review, Vol. 61, 2019, No. 4, pp. 5-14.

Hahn, A./Klug, K. 2019: Kunde-Marken-Interaktion durch Chatbots, in: Marketing Review St. Gallen, 36. Jg., 2019, Nr. 4, S. 12-21.

Hecker, D./Döbel, I./Petersen, U./Rauschert, A./Schmitz, V./Voss, A. 2017: Zukunftsmarkt künstliche Intelligenz – Potenziale und Anwendungen, Leipzig 2017.

Hildebrand, C. 2019: The Machine Age of Marketing – How Artificial Intelligence Changes the Way People Think, Act, and Decide, in: Marketing Intelligence Review, Vol. 11, 2019, No. 2, pp. 11-17.

Hildebrand, C./Bergner, A. 2019: AI-Driven Sales Automation – Using Chatbots to Boost Sales, in: NIM Marketing Intelligence Review, Vol. 11, 2019, No. 2, pp. 36-41.

Holland, H./Rossa, P. 2014: Big-Data-Marketing-Chancen und Herausforderungen für Unternehmen, in: Holland, H. (Hrsg.), Digitales Dialogmarketing – Grundlagen, Strategien, Instrumente, Wiesbaden 2014, S. 250-301.

Hollerbach, S./Kreimeier, C. 2020: Künstliche Intelligenz im Talent-Management – die richtigen Hebel zur Chancenrealisierung, in: Dahm, M. H./Thode, S. (Hrsg.), Digitale Transformation in der Unternehmenspraxis, Wiesbaden 2020, S. 83-99.

Huang, M.-H./Rust, R. T. 2020: A strategic framework for artificial intelligence in marketing, in: Journal of the Academy of Marketing Science, online erschienen am 04.11.2020, online verfügbar unter https://doi.org/10.1007/s11747-020-00749-9 (24.11.2020), pp. 1-21.

Jones, V. 2018: Voice-Activated Change – Marketing in the Age of Artificial Intelligence and Virtual Assistants, in: Journal of Brand Strategy, Vol. 7, 2018, No. 3, pp. 239-251.

Joshi, A. V. 2020: Machine Learning and Artificial Intelligence, Cham 2020.

Kaczorowska-Spychalska, D. 2019: How chatbots influence marketing, in: Management, Vol. 23, 2019, No. 1, pp. 251-270.

Kaplan, A./Haenlein, M. 2019: Siri, Siri, in my hand: Who's the fairest in the land? On the interpretations, illustrations, and implications of artificial intelligence, in: Business Horizons, Vol. 62, 2019, No. 1, pp. 15-25.

Kasap, Z./Magnenat-Thalmann, N. 2007: Intelligent virtual humans with autonomy and personality – State-of-the-art, in: Intelligent Decision Technologies, Vol. 1, 2007, No. 1-2, pp. 3-15.

Kietzmann, J./Paschen, J./Treen, E. 2018: Artificial Intelligence in Advertising – How Marketers Can Leverage Artificial Intelligence Along the Consumer Journey, in: Journal of Advertising Research, Vol. 58, 2018, No.3, pp. 263-267.

Kreutzer, R. T./Sirrenberg, M. 2019: Künstliche Intelligenz verstehen – Grundlagen – Use Cases – unternehmenseigene KI-Journey, Wiesbaden 2019.

Krumm, S./Dwertmann, A. 2019: Perspektiven der KI in der Medizin, in: Wittpahl, V. (Hrsg.), Künstliche Intelligenz – Technologie, Anwendung, Gesellschaft, Heidelberg 2019, S. 161-175.

Kruse Brandao, T./Wolfram, G. 2018: Digital Connection – Die bessere Customer Journey mit smarten Technologien – Strategie und Praxisbeispiele, Wiesbaden 2018.

Kumar, V./Rajan, B./Venkatesan, R./Lecinski, J. 2019: Understandig the Role of Artificial Intelligence in Personalized Engagement Marketing, in: California Management Review, Vol. 61, 2019, No. 4, pp. 135-155.

Leavy, S./O'Sullivan, B./Siapera, E. 2020: Data, Power and Bias in Artificial Intelligence, in: ArXiv, abs/2008.07341, online erschienen am 28.07.2020, online verfügbar unter https://www.researchgate.net/profile/Susan_Leavy/publication/343711761_Data_Power_and_Bias_in_Artificial_Intelligence/links/5fb18ede299bf10c36831d68/Data-Power-and-Bias-in-Artificial-Intelligence.pdf (28.11.2020).

Libai, B./Bart, Y./Gensler, S./Hofacker, C. F./Kaplan, A./Kötterheinrich, K./Kroll, E. B. 2020: Brave New World? On AI and the Management of Costumer Relationships, in: Journal of Interactive Marketing, Vol. 51, 2020, No. 1, pp. 44-46.

Luo, X./Tong, S./Fang, Z./Qu, Z. 2019: Frontiers – Machines vs. Humans – The impact of artificial intelligence chatbot disclosure on customer purchases, in: Marketing Science, Vol. 38, 2019, No. 6, pp. 937-947.

Mishra, C./Gupta, D. L. 2017: Deep Machine Learning and Neural Networks – An Overview, in: International Journal of Artificial Intelligence, Vol. 6, 2017, No. 2, pp. 66-73.

Möbus, C. 2006: Web-Kommunikation mit OpenSource – Chatbots, Virtuelle Messen, Rich-Media-Content, Heidelberg 2006.

Moor, J. 2006: The Dartmouth College artificial intelligence conference – The next fifty years, in: AI Magazine, Vol. 27, 2006, No. 4, pp. 87-91.

Nelson, G. S. 2019: Bias in Artificial Intelligence, in: NC Medical Journal, Vol. 80, 2019, No. 4, pp. 220-222.

Nilsson, N. J. 2014: Die Suche nach Künstlicher Intelligenz – Eine Geschichte von Ideen und Erfolgen, Berlin 2014.

Nischal, C. N./Sachin, T./Vivek, B. K./Taranth, K. G. 2020: Developing a Chatbot Using Machine Learning, in: International Journal of Research in Engineering, Science and Management, Vol. 3, 2020, No. 8, pp. 40-43.

Omri, F. 2015: Big Data-Analysen – Anwendungsszenarien und Trends, in: Dorschel, J. (Hrsg.), Praxishandbuch Big Data – Wirtschaft – Recht – Technik, Wiesbaden 2015.

Ong, S./Uddin, S. 2020: Data Science and Artificial Intelligence in Project Management – The Past, Present and Future, in: Journal of Modern Project Management, Vol. 7, 2020, No. 4, pp. 1-8.

Paschen, U./Pitt, C./Kietzmann, J. 2020: Artificial intelligence – Building blocks and an innovation typology, in: Business Horizons, Vol. 63, 2020, No. 2, pp. 147-155.

Rese, A./Ganster, L./Baier, D. 2020: Chatbots in retailers' costumer communication – How to measure their acceptance?, in: Journal of Retailing and Consumer Services, Vol. 56, 2020, No. 1, pp. 102-176.

Rüden, S. v./Toller, P./Terstiege, M. 2020: Digitales Marketing – Herkunft, Zukunft und Trends, in: Terstiege, M. (Hrsg.), Digitales Marketing – Erfolgsmodelle aus der Praxis – Konzepte, Instrumente und Strategien im Kontext der Digitalisierung, Wiesbaden 2020, S. 151-178.

Schneider, S. H. 2015: Mobile Marketing – Die moderne Marketingkommunikation – Die Integration von Mobile Marketing in den Marketing-Mix, Hamburg 2015.

Shevat, A. 2017: Designing Bots – Creating Conversational Experiences, Gravenstein 2017.

Sieber, A. 2019: Dialogroboter – Wie Bots und künstliche Intelligenz Medien und Massenkommunikation verändern, Wiesbaden 2019.

Simon, W. 2019: Künstliche Intelligenz – Blick in die digitale Zukunft, Norderstedt 2019.

Sivarajah, U./Kamal, M. M./Irani, Z./Weerakkody, V. 2017: Critical analysis of Big Data challenges and analytical methods, in: Journal of Business Research, Vol. 60, 2017, No. 3, pp. 263-286.

Strong, C. 2015: Humanizing Big Data – Marketing at the meeting of data, social science and consumer insight, London 2015.

Tobin, S./Jayabalasingham, B./Huggett, S./Kleijn, M. d. 2019: A brief historical overview of artificial intelligence research, in: Information Services & Use, Vol. 39, 2019, No. 1, pp. 291-296.

Ullah, S./Akhtar, P./Zaefarian, G. 2018: Dealing with endogeneity bias – The generalized method of moments (GMM) for panel data, in: Indrustrial Marketing Management, Vol. 71, 2018, No. 1, pp. 69-78.

Vossen, G. 2015: Big Data – Daten sammeln, aggregieren, analysieren, nutzen, in: Schwarz, T. (Hrsg.), Big Data im Marketing – Chancen und Möglichkeiten für eine effektive Kundenansprache, Freiburg 2015, S. 35-54.

Wagener, A. 2019: Künstliche Intelligenz im Marketing – ein Crashkurs, Freiburg 2019.

Wagner, J. 2018: Legal Tech und Legal Robots – Der Wandel im Rechtsmarkt durch neue Technologien und künstliche Intelligenz, Wiesbaden 2018.

Wirth, N. 2018: Hello marketing, what can artificial intelligence help you with?, in: International Journal of Market Research, Vol. 60, 2018, No. 5, pp. 435-438.

Wolff, J./Keck, A./König, A./Graf-Vlachy, L./Menacher, J. 2019: Künstliche Intelligenz – Strategische Herausforderungen für etablierte Unternehmen, in: Obermaier, R. (Hrsg.), Handbuch Industrie 4.0 und Digitale Transformation – Betriebswirtschaftliche, technische und rechtliche Herausforderungen, Wiesbaden 2019, S. 505-528.

Zhou, L./Pan, S./Wang, J./Vasilakos, A. V. 2017: Machine learning on big data – Opportunities and challenges, in: Neurocomputing, Vol. 237, 2017, No. 1, pp. 350-361.

BEI GRIN MACHT SICH IHR
WISSEN BEZAHLT

- Wir veröffentlichen Ihre Hausarbeit,
  Bachelor- und Masterarbeit

- Ihr eigenes eBook und Buch -
  weltweit in allen wichtigen Shops

- Verdienen Sie an jedem Verkauf

Jetzt bei www.GRIN.com hochladen
und kostenlos publizieren